¿QUÉ HACES CON UNA VOZ ASÍ?

LA HISTORIA DE LA EXTRAORDINARIA CONGRESISTA BARBARA JORDAN

escrito por
CHRIS BARTON

ilustrado por
EKUA HOLMES

traducción de
CARMEN TAFOLLA

Beach Lane Books • Nueva York Londres Toronto Sídney Nueva Delhi

T0079148

BEACH LANE BOOKS
Un sello editorial de la División Infantil de Simon & Schuster
1230 Avenida de las Américas, Nueva York, Nueva York 10020
© del texto: 2018, Chris Barton
© de las ilustraciones: 2018, Ekua Holmes
© de la traducción: 2021, Simon & Schuster, Inc.
Traducción de Carmen Tafolla
Diseño del libro por Sonia Chaghatzbanian © 2018, Simon & Schuster, Inc.
Originalmente publicado en inglés como *What Do You Do With a Voice Like That?*
Todos los derechos reservados, incluido el derecho a la reproducción total o parcial en cualquier formato.
BEACH LANE BOOKS y logo son marcas de Simon & Schuster, Inc.
Para información sobre descuentos especiales para compras en grandes cantidades, por favor llame a
Simon & Schuster Special Sales al 1-866-506-1949 o escriba un correo electrónico a business@simonandschuster.com.
El Simon & Schuster Speakers Bureau puede traer autores a su evento. Para mas información o para programar un evento, contacte
a la oficina del Simon & Schuster Speakers Bureau al 1-866-248-3049 o visite nuestra página web: www.simonspeakers.com.
El texto para este libro fue impreso en Caxton.
Las ilustraciones para este este libro fueron creadas con técnica mixta.
Manufacturado en China
0321 SCP
Primera edición en español junio 2021
2 4 6 8 10 9 7 5 3 1
Los datos de este libro están disponibles en la Biblioteca del Congreso de los Estados Unidos.
ISBN 978-1-5344-8758-1 (tapa dura)
ISBN 978-1-5344-8757-4 (tapa rústica)
ISBN 978-1-5344-8759-8 (edición electrónica)

Para Michael Hurd, Kathi Appelt y Phil Bildner,
tres de mis texanos favoritos
—C. B.

En memoria de mis abuelos,
Comado y Queen Hendrix
—E. H.

H

abiéndose criado en el Quinto Distrito de Houston en Texas, Barbara Jordan se destacó.
Tal vez se veía como otros niños.
Tal vez se comportaba como otros niños.
Pero con certeza no sonaba como los otros niños.
No con esa voz que tenía.

Esa *voz.*

Esa voz potente, valiente, radiante, clara, fresca y segura.
Provocaba que la gente se sentara atenta, se enderezara y tomara nota.

¿Qué *haces* con una voz así?

Bueno, primero se le da a esa voz algo que decir.

Barbara declamó poesía en la iglesia.

Memorizó discursos para la escuela.

Participó en concursos de oratoria y, en 1952, ganó un viaje a Chicago
—la primera vez que viajó fuera de Texas—.

Barbara estaba orgullosa de sí misma y de su voz.

Estaba forjándose un camino.

¿Pero a dónde llevaría ese camino?

Los domingos por la noche, Barbara y su abuelito Patten platicaban juntos sobre sus posibilidades.

¿Se convertiría ella en una predicadora como su padre, y como lo pudo haber sido su madre?

¿O en una maestra, como aquellos que la animaron en la secundaria Phyllis Wheatley?

O tal vez se haría abogada. Pocas mujeres negras lo habían logrado. Pero una que lo había hecho visitó Wheatley y dio un discurso conmovedor.

Barbara se inspiró.

Ser abogada le daría un uso
maravilloso a su voz.
Pero antes de que eso pudiera
suceder,
¿qué es lo *siguiente*
que haces con una
voz así?

Le das más conocimiento con el cual trabajar.

La universidad abrió los ojos de Barbara acerca de cómo estaba cambiando el país —y sobre cómo no estaba cambiando lo suficiente—. Aprendió a averiguar los hechos por sí misma, debatir temas importantes, defender las buenas ideas y desmantelar las malas.

Sus clases de Derecho la desafiaron más que cualquier otra cosa que hubiera conocido. Ocultó sus esfuerzos frente a sus compañeros de clase, estudiando mucho y tenazmente, cuando no la veían.

Y cuando se graduó Barbara, sí, se convirtió en abogada. Pero ser abogada la aburría. Usaba una máquina de escribir y una pluma mucho más de lo que usaba su voz, y no había suficiente trabajo para ocupar su tiempo o su mente.

Sin embargo, había mucho trabajo político que necesitaba hacerse.

En 1960, Estados Unidos no era un lugar tan libre o justo como lo podría ser. Barbara creía que la política podría cambiar eso. Y por eso, se involucró.

Una noche, un orador programado se ausentó, y le preguntaron a Barbara si podría sustituirlo. Dijo que sí.

Al público le encantó. Confiaban en ella. Lo que es más importante, lo inspiró a *hacer* algo: salir y votar, y a juntar a otros y convencerlos a *ellos* de votar.

Su voz había hecho una diferencia.

A Barbara "le picó el gusanito de la política" como después lo relató, y ya sabía exactamente qué hacer con una voz como esa.

La puso al servicio público.

Barbara quería más justicia y más igualdad.
Ella sabía que estas cosas empiezan cuando más ciudadanos comparten sus propias voces ante sus representantes gubernamentales.

Para asegurarse de que los escucharan, Barbara decidió competir por un cargo político.

Entonces ella compitió.

Y perdió.

Y compitió.

Y perdió.

"No tengo intención de ser una perdedora por tercera vez", dijo.

Y compitió por tercera vez.

Esta vez ganó.

Como senadora estatal de Texas, Barbara representaba a las personas con las que había crecido. Antes, simplemente había confiado en el sistema político. Ahora era parte de él.

Cuando funciona correctamente, el sistema crea leyes que mejoran nuestras vidas y se asegura de que las personas —tanto las poderosas como las indefensas— sigan esas leyes.

A veces los cambios a nuestras leyes suceden después de hacer un alboroto fuera del sistema, pero la forma de Barbara era la de hacer cambios desde adentro.

A veces, esos cambios —tales como un mayor pago para los trabajadores agrícolas y más ayuda para las personas que sufren accidentes en el trabajo— tenían lugar públicamente, a través de debates en el Senado.

Y a veces no.

Barbara empezó a conocer a los otros senadores individualmente y, a pesar de sus diferencias, llegaron a conocerla de la misma manera. Cuando cada uno escuchaba lo que el otro tenía que decir, podían entender lo que era importante para ellos y los ayudó a todos a hacer mejor su trabajo.

Otros texanos que nunca habían prestado atención a las mujeres negras escucharon la sabiduría en su voz, lo cual también los ayudó a hacer mejor su trabajo.

Pues bien.

¿Qué haces con una voz así?

La compartes con la nación entera.

En la siguiente elección, Barbara ascendió a ser representante del Congreso Nacional en Washington, D.C.

Pronto llegó un momento confuso y preocupante para la nación. Al parecer, el presidente Nixon había violado la ley, y el Congreso tuvo que decidir qué hacer al respecto.

En una transmisión de televisión vista por toda la nación, Barbara usó su voz para mostrarles el camino. Le recordó a su público que la Constitución es el documento que manda todas las leyes en los Estados Unidos y se aplica a toda su gente. Luego explicó —con su voz potente, valiente, radiante, clara, fresca y segura— cómo las acciones del presidente habían ido en contra de ese documento.

"Mi fe en la Constitución es íntegra, es completa, es total. Y no me quedaré sentada aquí para ser una espectadora ante la disminución, la subversión, la destrucción de la Constitución". La Constitución, dijo Barbara, debe preservarse.

El presidente, dijo Barbara, debe irse.

El presidente se fue.

Ese discurso hizo
de Barbara una
estrella.

Ella brillaba como
una luz intensa en
la oscuridad.

A Barbara le hubiera
encantado pasar más noches
bajo las verdaderas estrellas,
acampando y cantando con
sus amigos, pero el público
quería más de ella.

Ella cumplió, luchando para proteger los derechos de los votantes mexicoamericanos y de otros contra la discriminación.

Hubo rumores de lo que podría seguir para Barbara. ¿El Senado de los Estados Unidos? ¿La Suprema Corte? ¿Podría posiblemente convertirse en la vicepresidenta Jordan?

¡Quién sabía qué tan alto llegaría!

Mucha gente tenía tantas expectativas para Barbara. Sabían que había mucho que admirar en su voz.

Cómo abogaba por aquellos que tenían menos poder.

Cómo hablaba por
aquellos que poseían fuerzas
más timidas que la suya.

Cómo hablaba por
aquellos que no querían
verse limitados por
sus debilidades.

Pero la gente no sabía que este último grupo incluía a la propia Barbara, que había estado luchando en privado con una enfermedad nerviosa llamada esclerosis múltiple desde sus primeros días en el Congreso.

Tampoco sabían que Barbara había comenzado a escuchar otra voz.

Esta voz alterna era una voz interior.

Le indicó que el lugar correcto para Barbara Jordan no estaba en ninguno de los roles que el público tenía en mente para ella.

Le dijo a Barbara que el lugar correcto para ella ahora era en casa en Texas.

¿Qué haces con una voz *así*?

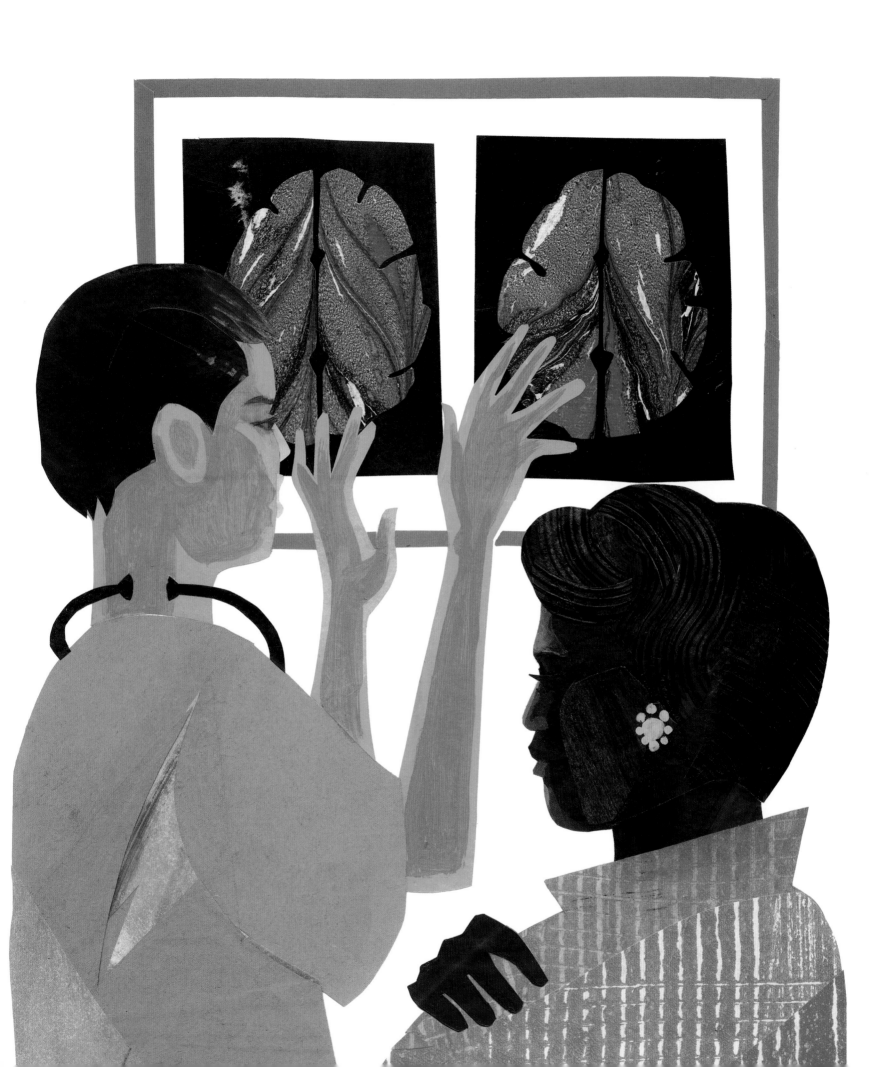

Incluso cuando su cuerpo le fallaba, la mente de Barbara se hizo cada vez más sabia y prestó atención a lo que escuchó.

Se marchó a casa.

Allí se convirtió en profesora.

Los estudiantes universitarios que tenían la intención de poner sus propias voces al servicio público hicieron fila con entusiasmo para tener la oportunidad de aprender de ella.

En su salón de clases, puedes apostar a que se sentaron atentos, se enderezaron y tomaron nota del valor que ella impartía.

Igualdad.
Justicia.
Confianza.

Barbara usó su voz para instruirlos, implorarles e inspirarlos, no solo para salir y *hacer* algo, sino para hacer lo *correcto*.

Y cuando la ocasión lo requería —digamos en un juego de baloncesto con estudiantes como aquellos a quienes ella enseñaba, como la misma Barbara alguna vez había sido— alzaba su voz para

hacer alboroto.

Los antiguos alumnos de Barbara Jordan todavía se mueven entre nosotros, luchando por hacer un trabajo que la habría enorgullecido, escuchando los ecos de sus palabras mientras intentan mejorar la vida de todos nosotros.

Porque cuando ha sido silenciada,

¿qué hacemos con una voz así?

It is logical, simple, and

La recordamos y
la honramos haciendo
que se escuchen
nuestras propias voces.

NOTA DEL AUTOR

Comencé a trabajar en este libro en 2013, y los años que siguieron han sido tumultuosos para los Estados Unidos. En respuesta a las noticias del día, de vez en cuando me pregunto, ¿qué hubiera hecho Barbara Jordan?

En un lado de la lápida de Barbara Jordan en mi pueblo de Austin, Texas, se lee la palabra *Patriota*. Al otro lado dice *Maestra*. Me duele que sus años en cada papel hayan sido cortados prematuramente. Cuánto deseo que ella hubiera podido llegar a ser octogenaria, y así regalarnos la sabiduría pragmática, la claridad moral y la visión del bien común que nosotros y nuestros líderes necesitamos hoy en día.

Pero estoy tan agradecido por sus muchos estudiantes, y por los servidores públicos y ciudadanos comunes que *ellos* han influenciado e inspirado. Somos mejores como nación gracias a haber sido alcanzados por la ola expansiva del ejemplo que Barbara Jordan dejó durante su vida. Honremos su memoria a través de una educación y un patriotismo más informados, involucrados e inclusivos.

CRONOLOGÍA BIOGRÁFICA DE LA VIDA DE BARBARA JORDAN

1936
Barbara Charline Jordan nace el 23 de febrero en Houston. Es la hija menor de Arlyne (Patten) Jordan y Benjamin Jordan, después de sus hermanas Bennie y Rose Mary.

1948–1952
Barbara asiste a Phyllis Wheatley High School. La licenciada Edith Sampson visita Wheatley cuando Barbara cursa el segundo año de secundaria. Su presentación inspira a Barbara a ser abogada.

Después de graduarse ese verano, Barbara gana el primer lugar en un concurso nacional de oratoria en Chicago.

1952–1956
Barbara asiste y se gradúa de Texas Southern University en Houston. Compite en el galardonado equipo de debate de TSU, entrenada por Thomas F. Freedman, quien anteriormente había instruido a Martin Luther King Jr.

1956–1959
Barbara se inscribe en la Facultad de Derecho en Boston University. Es su primera experiencia en un ambiente cotidiano en el que la mayoría de las personas con las que se relaciona es blanca.

1960
Barbara regresa a Houston y se involucra en la campaña presidencial demócrata de John F. Kennedy. Gana Kennedy, y Lyndon B. Johnson es el nuevo vicepresidente.

1962
A la edad de ventiséis, Barbara compite en la elección primaria demócrata por un lugar en la Cámara de Representantes de Texas y pierde.

1964
Barbara pierde por segunda vez en la elección primaria demócrata para representante estatal.

1974
El Comité Judicial de la Cámara de Representantes investiga si el presidente Nixon debe ser destituido por violar la Constitución. El 25 de julio las palabras de Barbara sobre el trabajo del Comité ("Mi fe en la Constitución es íntegra, es completa, es total.") son escuchadas por millones de televidentes. El Comité recomienda someter al presidente a un proceso de destitución y Nixon renuncia el 9 de agosto.

En noviembre, Barbara es reelegida para un segundo mandato.

1975
Como parte de la renovación de la Ley de Derecho al Voto, Barbara encabeza con éxito los esfuerzos para añadir a Texas entre los estados que necesitan aprobación para cambios a las leyes y procedimientos electorales. Gracias a ella, los votantes de habla hispana en el estado de Texas —y los que hablan variedad de idiomas en otros estados— ya no serán limitados a usar boletas impresas solo en inglés.

Barbara y Nancy comienzan el proceso de comprar una propiedad juntas y mandar construir su casa.

1976
Barbara da el discurso principal de la Convención Nacional Demócrata. "Un espíritu de armonía sobrevivirá en América", dice, "solo si cada uno de nosotros recuerda que compartimos un destino común, si cada uno recuerda, cuando la amargura y el egoísmo parecen prevalecer, que compartimos un destino común. Yo tengo confianza en que podemos formar este tipo de comunidad nacional".

Cada vez más dependiente de su bastón para caminar, Barbara es reelecta al Congreso por un tercer mandato.

1977
Barbara anuncia que no competirá para ser reelegida el siguiente año. Cuando conversa con periodistas acerca de su salud, prima su privacidad por sobre su honestidad y solo menciona "una rodilla mala". Dice que no sabe qué le espera, pero bromea que seguramente no será bailar en un espectáculo de Broadway o jugar futbol profesional.

NOTA DE LA ARTISTA

¿Qué haces con una voz así? nos lleva en el viaje del autodescubrimiento de Barbara Jordan, un viaje que la mayoría de nosotros en algún momento debe hacer. ¿Qué haces con tu habilidad para dibujar o pintar, para resolver problemas matemáticos complejos, para diseñar estilos de cabello o cocinar una rica crema de almejas? Cada uno de nosotros tiene algo especial para compartir con el mundo. Sin embargo, con demasiada frecuencia no nos damos cuenta de cómo hacer un buen uso de nuestros dones. La historia de cómo Barbara Jordan llegó a reconocer su voz como una herramienta poderosa para la justicia es inspiradora, y el poder ilustrar su historia era como estar a su lado animándola. Aún cuando la enfermedad limitaba sus actividades, trazó nuevos caminos. Barbara Jordan nos deja un legado de valor, inteligencia, generosidad, fe y determinación del que sacaré fuerzas mientras continúo considerando cómo usar mis dones para un bien mayor, y espero que los lectores se sientan inspirados a hacer lo mismo.

1965

El presidente Johnson firma la Ley de Derecho al Voto, que elimina leyes injustas que habían impedido votar a afroamericanos. La ley requiere que siete estados con historias de discriminación en contra de votantes afro-americanos obtengan permiso del gobierno antes de hacer cambios a sus leyes sobre votación o distritos electorales.

1966–67

En noviembre de 1966, Barbara es elegida senadora de Texas. Será la primera afroamericana en la legislatura de Texas. Los otros treinta senadores son hombres blancos.

Durante la sesión legislativa de 1967, Barbara es invitada a la Casa Blanca a discutir sobre los derechos civiles con el presidente Johnson y se hacen amigos.

1968–69

En noviembre de 1968, Barbara es reelegida para un término de cuatro años más. Al presidente Johnson lo sucede el republicano Richard Nixon.

En la sesión legislativa de 1969 Barbara impulsa con éxito un proyecto de ley aumentando la remuneración para trabajadores heridos y estableciendo un sueldo mínimo para trabajadores agrícolas.

En un viaje de campamento con amigos en común, Barbara conoce a la psicóloga Nancy Earl, quien se convierte en su compañera de toda la vida.

1972

El 17 de junio cinco hombres que trabajaban para la campaña de reelección del presidente Nixon, se meten ilegalmente en la oficina del Comité Nacional Demócrata en el edificio Watergate en Washington, D.C.

En noviembre, Barbara gana un lugar en la Cámara de Representantes de los Estados Unidos. Es una de los dos primeros afro-americanos del sur, elegidos al Congreso en setenta años.

1973

Por consejo del expresidente Johnson, Barbara es nominada y consigue ser parte del Comité Judicial de la Cámara de Representantes. A lo largo del año, las investigaciones sobre el ingreso ilegal al edificio Watergate revelan los esfuerzos del presidente Nixon para esconder los delitos de su administración.

Barbara comienza a sentir entumecimiento y hormigueo en pies y manos, y debilidad en las piernas. Tras una hospitalización en diciembre, los doctores identifican la posible causa: esclerosis múltiple.

1979

Barbara comienza a enseñar cursos sobre política pública y ética en el gobierno a estudiantes de posgrado en la Escuela de Asuntos Públicos Lyndon B. Johnson en la Universidad de Texas.

PRINCIPIOS DE LOS AÑOS OCHENTA

Mientras guarda en privado los detalles sobre su salud, Barbara pasa a usar una andadera y después una silla de ruedas, para ayudarla con su movilidad.

1988

Barbara casi se ahoga al perder el conocimiento temporalmente en su alberca. Las noticias sobre el incidente revelan al público su esclerosis múltiple.

1992

Barbara da un discurso en lo que será su última Convención Nacional Demócrata.

Hace un llamado a un ambiente social y político "que se caracterice por una devoción al interés público, al servicio público, a la tolerancia y al amor. Amor. Amor. Amor".

1993–94

El presidente Bill Clinton nombre a Barbara como miembro de la Comisión para la Reforma Inmigratoria, en un comité bipartito. La Comisión recomienda para la reducción de la inmigración legal e ilegal, tratar con las condiciones en las naciones originarias de las que se hubiera inmigrado, modernizar los sistemas y reglamentos y hacer cumplir la ley rigurosamente.

El presidente Clinton da a Barbara la Medalla Presidencial de la Libertad, el mayor reconocimiento que se le puede dar a un civil.

1996

Barbara planea comenzar su decimoctavo año como profesora. Pero el día 17 de enero, víctima de esclerosis múltiple, leucemia y pulmonía, muere en Austin, Texas, a la edad de 59 años.

"Por la fuerza auténtica de las verdades que decía, la poesía de sus palabras y el poder de su voz, Barbara siempre estimulaba nuestra conciencia nacional", dice el presidente Clinton en su funeral. "Cuando Barbara hablaba, nosotros escuchábamos".

LECTURA Y VIDEOS RECOMENDADOS

Un gran primer paso para aprender más acerca de Barbara Jordan es ver o escuchar videos en línea de su discurso de 1974 durante las sesiones del Comité Judicial de la Cámara de Representantes para el proceso de destitución presidencial, así como su discurso inaugural en 1976 ante la Convención Nacional Demócrata.

La mejor biografía de Barbara Jordan, escrita para un público adulto es *Barbara Jordan: American Hero* de Mary Beth Rogers.

Otros libros recomendados para entender la vida y la época de Barbara Jordan incluyen:

Blaise, Misha Maynerick. *This Is Texas, Y'All!: The Lone Star State from A to Z.* Guilford, Connecticut: Lone Star Books, 2017.

Corey, Shana, y R. Gregory Christie. *A Time to Act: John F. Kennedy's Big Speech*. Nueva York: NorthSouth Books, 2017.

Oelschlager, Vanita, y Joe Rossi. *The Electrifying Story of Multiple Sclerosis*. Nueva York: VanitaBooks, 2015.

Pohlen, Jerome. *Gay & Lesbian History for Kids: The Century-Long Struggle for LGBT Rights*. Chicago: Chicago Review Press, 2015.

Sheinkin, Steve. *Most Dangerous: Daniel Ellsberg and the Secret History of the Vietnam War*. Nueva York: Roaring Brook Press, 2015.

Winegarten, Ruthe, y Sharon Kahn. *Brave Black Women: From Slavery to the Space Shuttle*. Austin: The University of Texas Press, 1997.

Winter, Jonah, y Shane W. Evans. *Lillian's Right to Vote: A Celebration of the Voting Rights Act of 1965*. Nueva York: Schwartz & Wade Books, 2015.

Encuentre una bibliografía completa para este libro en: chrisbarton.info/books/barbarajordan.